LA PESTE NEGRA Y SUS ESTRAGOS

La pandemia más mortífera de la historia

Por Jonathan Duhoux
En colaboración con Thomas Jacquemin
Traducido por Marina Martín Serra

Historia en50MINUTOS.es

LA PESTE NEGRA

- **¿Cuándo?** De 1347 a 1352.
- **¿Dónde?** En toda Europa.
- **¿Víctimas?** Entre 20 y 35 millones de muertos en Occidente.
- **¿Repercusiones?**
  - Un declive demográfico.
  - Varias crisis económicas.
  - Profundos cambios culturales.
  - Una nueva relación con la muerte.

La peste negra, también conocida como muerte negra, afecta al conjunto de Europa durante el siglo XIV y es la mayor epidemia que se haya producido en el continente. La pandemia se suma a las dificultades del contexto en Occidente: en esta época, la agitación política, las hambrunas y las guerras son habituales. Europa, que ya está debilitada, pierde en cinco años un tercio de su población a causa de la pandemia. La magnitud y las consecuencias de una catástrofe de tal envergadura son difíciles de concebir: se produce la desaparición de pueblos enteros, la economía se ve perjudicada, los extranjeros son tratados con desconfianza y el miedo está omnipresente. Se desconocen las razones reales por las que se produce la epidemia, por lo que se asocia a un castigo divino o a un envenenamiento del aire. La población, desesperada, busca culpables, masacrando a judíos, leprosos y otros marginados. Pero nada logra detenerla: la muerte, personificada con la figura de la parca, sigue llevándose las almas de los ricos y de los pobres, de los nobles y de los campesinos, de los justos y de los culpables, sin hacer ningún tipo de distinción.

Aunque la peste negra desaparece en 1352, hasta el siglo XVIII la epidemia irá resurgiendo de forma más puntual en Europa, entre cada ocho y diez años. La bacteria responsable de la enfermedad (*Yersinia pestis*) no se descubre hasta finales del siglo XIX, y no se encontrará un remedio eficaz para combatirla hasta el siglo siguiente, con la invención de los antibióticos. La violencia de la epidemia del siglo XIV quedará grabada en la memoria colectiva durante mucho tiempo, y actualmente se siguen llevando a cabo estudios relacionados con ella. En efecto, la peste sigue siendo una seria amenaza para la humanidad.

CONTEXTO

DE LA PROSPERIDAD A LA FATALIDAD

En el siglo XIII, Occidente está en pleno auge: el comercio europeo vive un periodo de gran prosperidad, y se prevén unas cosechas abundantes gracias a un clima que se mantiene favorable con regularidad. Las ferias de Flandes y de Champaña gozan de una proyección sin precedentes, y todos los comerciantes occidentales acuden a ellas para negociar, intercambiar ideas o simplemente establecer nuevos contactos. Brujas se convierte en el eje de todas las naciones comerciantes. En Italia, Venecia y Génova dominan los intercambios mediterráneos. Tras 1270, se pueden entablar relaciones con China e India, que también pasan por un periodo de paz. Las colgaduras, los metales y los vinos occidentales se intercambian por sedas, algodón y especias orientales.

Este auge comercial está facilitado, entre otros, por progresos técnicos y una mejora constante de los transportes. En este momento, los navíos son más rápidos y pueden transportar más mercancías; las vías fluviales, por su parte, se benefician de un mejor mantenimiento y, además, se crean nuevas rutas a través de los Alpes. Así pues, las distancias parecen más cortas, y los intercambios se intensifican.

INNOVACIONES TÉCNICAS

Las técnicas navales se desarrollan en el siglo XIII, mejorando en gran medida la eficacia del comercio fluvial y marítimo. Así, la brújula permite que los barcos puedan orientarse más fácilmente. El astrolabio, un pequeño instrumento astronómico, es muy útil para leer los astros durante la noche. Finalmente, el timón de codaste, fijado en la parte trasera de los barcos mediante un sistema de bisagras, permite que se pueda controlar mejor la dirección de los barcos.

Fotografía de un timón de codaste.

Sin embargo, el inicio del siglo XIV disminuye la intensidad de este impulso y, finalmente, lo frena por completo. Como un preludio del fin del mundo, gran cantidad de calamidades golpean Occidente, como si los cuatro jinetes del Apocalipsis se hubieran reunido para traer guerras, revueltas, hambrunas y epidemias. La inestabilidad política va en aumento, sobre todo en lo que se refiere al enfrentamiento entre Francia e Inglaterra (la guerra de los Cien Años, 1337-1453) o a las diferentes luchas de poder que transcurren en Italia. Asimismo, un clima menos favorable para la agricultura origina hambrunas y carestías en toda Europa. Finalmente, a esta delicada situación se le añaden la viruela y la peste, que se propagan a un ritmo aterrador.

¿Sabías que...?

Una carestía significa que un pueblo carece de víveres y alimentos, pero la situación es menos dramática que durante una hambruna. Las carestías son muy frecuentes en la Edad Media: los campesinos generalmente pasan hambre. Las hambrunas, en cambio, son menos frecuentes, aunque en esa época se producen a menudo.

EL HAMBRE, UN PROBLEMA RELACIONADO CON EL CLIMA

La hambruna es uno de los muchos males habituales en la Edad Media. Las crónicas la señalan a finales del siglo XIII, y luego de forma intermitente a lo largo del siglo XIV y a principios del XV. Simbolizada por el tercero de los jinetes del Apocalipsis, el hambre golpea el imaginario de la época con terribles imágenes sobrenaturales.

No obstante, sus causas son relativamente sencillas. La agricultura, frágil, es muy sensible a los accidentes climáticos. Unas precipitaciones demasiado frecuentes, un invierno demasiado largo o un verano más seco de lo normal pueden tener consecuencias desastrosas para las cosechas, sobre todo si se tiene en cuenta que la capacidad de almacenamiento en esa época es limitada. A esto se le añaden las guerras, que dañan ostensiblemente la agricultura, no solamente porque conllevan la movilización de los hombres —que, por consiguiente, dejan de trabajar en los campos— sino también porque ocasionan muchos destrozos.

Las ciudades costeras, situadas principalmente a lo largo del Mediterráneo o del mar Báltico, sufren menos los efectos de la hambruna, ya que cuentan con un clima más suave. Las ricas ciudades-estado italianas, como Venecia o Génova, también quedan relativamente al margen: son más fáciles de abastecer y por norma general invierten los fondos necesarios para garantizar el suministro, aunque tengan que endeudarse.

En 1280, el aumento del precio del grano es una primera señal de alarma: la producción disminuye. A partir de 1310, la situación se complica: esa década está marcada por una bajada sostenida de las temperaturas en Occidente, una situación que más adelante recibirá el nombre de Pequeña Edad de Hielo. Los inviernos duran más y los veranos son particularmente lluviosos, una combinación muy mala para las cosechas: a causa de esas malas condiciones, se producen muchas hambrunas, repartidas por zonas geográficas muy vastas, que ocasionan un gran número de víctimas. Sin embargo, la demografía se recupera bastante rápido, por lo que la hambruna por sí misma no conlleva un declive demográfico real. Con todo, los estragos que causa no deben tomarse a la ligera: junto con las otras hambrunas, provoca una verdadera depresión económica y una decadencia generalizada.

Algunas veces se ha considerado que la peste negra es la consecuencia natural de este desequilibrio global. Aunque esta interpretación maltusiana puede parecer seductora, hoy en día está desfasada.

La interpretación maltusiana, cuyo nombre deriva de Thomas Malthus (1766-1834), aparece en su *Ensayo sobre el principio de la población*, escrito en 1798. En él, el obispo anglicano explica que cualquier población tiene un límite natural, fijado por los recursos disponibles. Una vez se alcanza este límite, la población se «regula» con catástrofes como guerras, hambrunas o epidemias.

En el siglo XIII, la población occidental ya ha alcanzado sus límites. A fuerza de desbrozar, los campesinos ya han transformado en campos todas las superficies practicables y fértiles. Así pues, la población ha alcanzado su tope en lo que se refiere a los cultivos de cereales disponibles. Sin embargo, la demografía se mantiene estable hasta mediados del siglo XIV. Así pues, la peste negra no aparece en el momento en el que la población alcanza un límite crítico, como si fuera un juicio divino destinado a regular la demografía. Con todo, es cierto que esta pandemia se produce en un contexto ya de por sí difícil por lo que, sin lugar a dudas, este contribuye a aumentar el alcance de sus estragos.

UNA AGITACIÓN POLÍTICA HABITUAL

En el siglo XIV, se producen muchos enfrentamientos políticos. Sería inútil querer listar todas las guerras privadas que se suceden a lo largo de toda la Edad Media, y cuyos motivos suelen ser de lo más trivial, como una venganza por una injusticia, el deseo de aumentar el propio territorio o una simple respuesta a un ataque contra el amor propio.

Este siglo también se caracteriza por conflictos más globales. Toda Italia está afectada por problemas políticos, económicos y sociales. Sin embargo, la contienda más célebre de la época es la guerra de los Cien Años, que empieza una década antes de la epidemia de la peste. Este conflicto bélico enfrenta a los reinos de Francia e Inglaterra, en una serie de combates que marcarán a Europa por mucho tiempo. Aunque hay muchas causas que lo originan, cabe destacar dos en particular. En primer lugar, el rey de Inglaterra es vasallo del rey de Francia por los territorios que posee en el continente, y la monarquía inglesa quiere acabar con esas obligaciones.

La segunda causa remarcable tiene que ver con un problema de sucesión. Cuando los tres hijos del rey de Francia Felipe el Hermoso (1268-1314) mueren sin herederos, su primo Felipe de Valois (1293-1350) es coronado rey. Sin embargo, su sobrino Eduardo (1239-1307), que ya es rey de Inglaterra, se opone a esta decisión, iniciando las hostilidades en 1337 con el ataque del continente; a continuación, hunde la flota francesa en la batalla de Sluys (1340). Durante el episodio de la peste negra, los ingleses dominan los combates, hasta que en 1360 controlan un tercio de Francia. En 1422 se instaura una monarquía anglo-francesa, y los franceses tendrán que esperar a la intervención de Juana de Arco (1412-1431) para poder recuperar sus territorios a continuación —menos Calais, que no volverá a manos de los franceses hasta 1453 —.

Si se quiere hablar con más exactitud, esta contienda debería llamarse «las guerras de los Cien Años», ya que en realidad no se trata de un inmenso conflicto en el que día a día se enfrentan muchísimas tropas armadas, sino de una serie de enfrentamientos que se producen a lo largo de un siglo, movidos por el resentimiento persistente de ambos reinos. Exceptuando algunas grandes batallas, se producen pocas víctimas en los enfrentamientos, ya que el número de combatientes es bastante bajo.

Imagen que representa una de las batallas de la guerra de los Cien Años, procedente de las *Crónicas* de Jean Froissart.

Mientras tanto, los hombres de armas y los mercenarios atraviesan el país en todas direcciones, causando estragos en las cosechas y en los pueblos. En tiempo de tregua, la situación es todavía peor. Los soldados, que ya no cobran, viven a expensas de los habitantes: roban y torturan a los pueblerinos, e incluso se instalan en los castillos desertados por los señores hechos prisioneros. Sin embargo, aunque hay violencia, es poco frecuente que una región quede sin autoridad. Los señores que resisten mantienen de forma global el orden en sus tierras. Desgraciadamente, estos movimientos de tropas, ya sean con fines bélicos o de ban-dolerismo, facilitan la propagación de las epidemias.

LA PESTE NEGRA

UNA EPIDEMIA QUE LLEGA DE ASIA

Los cronistas medievales hablan de un «mal que siembra el terror»[1] (Balard 2002, 18) procedente de India o de China, algo que las investigaciones actuales han confirmado. La peste aparece en China en 1331 y se expande en todos los rincones del imperio hasta 1393, causando la muerte de 35 millones de habitantes del país, lo que representa un tercio de su población. A continuación, las epidemias de peste se propagan por todo el continente, mediante los desplazamientos humanos por las rutas comerciales. En 1338, la epidemia alcanza el Asia Central, antes de afectar a la gloriosa ciudad de Samarcanda, en el actual Uzbekistán. La enfermedad se extiende por los khanatos (principados) mongoles, y llega hasta el mar Negro en 1346, a las puertas de Europa.

¿SABÍAS QUE...?

La palabra «peste», del latín *pestis* («epidemia, plaga») no aparece hasta el siglo XIX. Los cronistas de la Edad Media utilizaban sobre todo los términos «pestilencia», «envenenamiento» o «mortandad». Además, si hablamos de peste negra, no es para referirnos al color de los cadáveres o de los bubones —algo que, en realidad, no es cierto—. Este adjetivo, en realidad, sirve

---

1. Todas las citas han sido traducidas por 50Minutos.es

para insistir en el lado particularmente oscuro, lúgubre y terrorífico de la epidemia.

La región está llena de factorías genovesas y venecianas que, en esta época, están implicadas en enfrentamientos con los ejércitos mongoles. Tras algunas disputas comerciales y motines entre cristianos y musulmanes, el khan (dirigente) Djanibeg (fallecido en 1357) decide echar a los occidentales de la región. En 1344, asedia la factoría genovesa de Kaffa, situada en Crimea, pero un importante ejército de socorro italiano le obliga a batirse en retirada. Dos años después, el ejército mongol vuelve a la carga, pero esta vez sus efectivos se ven reducidos a causa de una epidemia de peste. El khan, en una situación crítica y muy frágil a causa de miles de bajas entre sus filas, decide catapultar algunos cadáveres infectados por encima de las murallas. Los asediados se apresuran a lanzar a los muertos al mar, pero ya es demasiado tarde: la plaga se extiende en el interior de las murallas. Se trataría del primer caso de ataque biológico de la historia.

No obstante, muchos historiadores cuestionan la veracidad de esta anécdota narrada por un cronista de la época, Gabriele de Mussi (1280-1356). Es cierto que en esa época el número de habitantes de Kaffa se reduce a causa de una epidemia, pero esta pudo haberse transmitido a través de ratas que entraran en las fortificaciones. Sin embargo, sea cual fuere la causa real de esta transmisión, Kaffa es una factoría comercial importante para Europa en la que hay una densa circulación marítima. Por consiguiente, algunos navíos genoveses debieron de abandonar el puerto para volver a Europa en el momento de los hechos, llevando en sus bodegas la muerte negra, que causaría estragos en Occidente durante los siglos subsiguientes.

UNA PROPAGACIÓN FULGURANTE

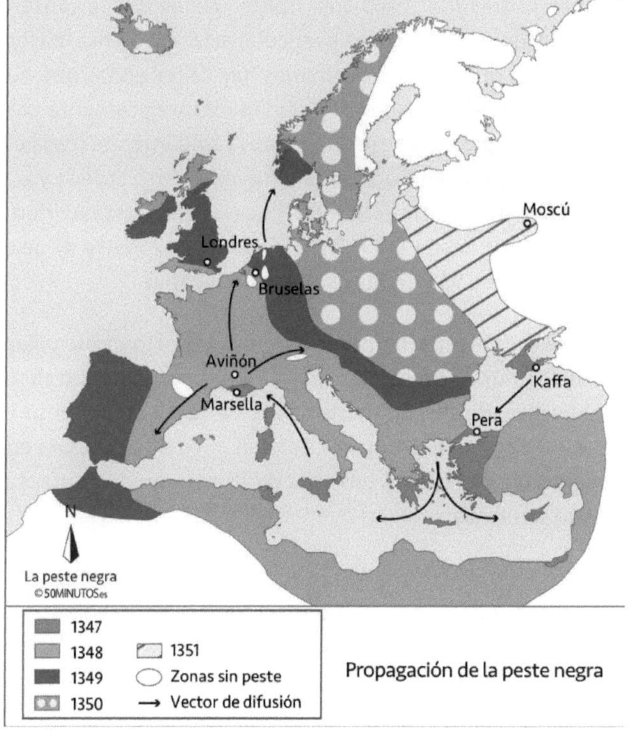

Desde la ciudad de Kaffa, la peste se expande a merced de las escalas de los barcos. Primero, en verano de 1347, afecta a Pera, una factoría comercial genovesa cercana a Constantinopla. A continuación, la epidemia se propaga a lo largo del mar Negro, en Grecia, en las islas del Egeo, en Chipre, en Creta y en Egipto. Cada ciudad afectada es un nuevo foco que propaga la infección en todas direcciones.

A finales del año 1347, los navíos genoveses alcanzan Marsella, donde la peste es particularmente violenta, hasta el punto de que en pocas semanas hay calles en las que no queda nadie vivo. Desde esta ciudad estratégicamente conectada, la epidemia se propaga muy rápidamente: hacia el norte de España, en Córcega, en Provenza, en Cerdeña y en el norte de Italia. La enfermedad llega incluso hasta Aviñón, sede del papa desde 1309. En 1348, causa la muerte de seis cardenales y de 93 miembros de la corte papal.

La peste circula especialmente más rápido por los principales ejes de comunicación y durante el verano, cuando el tráfico es más elevado. Por un triste golpe de fortuna, la densa y rápida red comercial, que favorecía el auge de Occidente en el siglo XIII, acelera los estragos de la enfermedad durante el siglo siguiente.

En 1348, en toda Francia se producen brotes de la infección, que se extienden por el Ródano, el Saona, el Sena y el Rin. Ese mismo año, los Países Bajos detectan de los primeros casos de peste en Gante y Bruselas.

Ilustración de la peste negra, procedente de las crónicas de Gilles Li Muisis (1272-1352), abad de Saint-Martin de Tournai (Bélgica).

A partir de allí, la epidemia cruza el canal de la Mancha hasta Inglaterra, donde causa muchos estragos, sobre todo en Londres. Siguiendo el Rin, invade Alemania y Suiza. Los países situados más al norte de Europa tampoco escapan a la muerte negra: en 1349 y en 1350, la enfermedad llega a Noruega y Suecia, antes de propagarse por Escocia, Islandia y Groenlandia. En 1351 alcanza Rusia, aniquilando al gran duque de Moscú y al patriarca supremo de la Iglesia ortodoxa. A continuación, la peste avanza hasta llegar a Crimea, su punto de partida, antes de terminarse de forma espontánea. En ese momento, la epidemia ha pasado a ser una pandemia.

Curiosamente, algunas zonas se mantienen fuera del alcance de la muerte negra. Es fácil encontrarle una explicación en el caso de algunas ciudades aisladas entre montañas; sin embargo, es más difícil saber por qué esto también sucedió en algunas regiones de la actual Bélgica (Henao y Limburgo) que, aunque en esa época son centros de comunicaciones, registran una tasa de infección más baja que en los otros lugares. No obstante, esta situación es temporal: la peste acabará surgiendo en esas regiones entre 1360 y 1363.

No todas las ciudades se ven afectadas de la misma manera por la epidemia. Venecia, por ejemplo, es literalmente diezmada: de 1347 a 1349, lamenta la pérdida de alrededor de 90 000 ciudadanos, que representan el 60 % de su población. Esta situación resulta todavía más sorprendente por el hecho de que la ciudad adopta medidas muy rápidamente para luchar contra la enfermedad. En efecto, Venecia está repartida en una serie de islas, con una posición estratégica que le permite controlar fácilmente el flujo de bienes y personas. Así, los barcos son obligados a permanecer inmo-vilizados en cuarentena antes de recibir la autorización para entrar en el puerto. En cuanto a los muertos, son enterrados en islas aisladas, a una profundidad mínima de un metro y medio. Pero nada funciona: a pesar de adoptar medidas completamente apropiadas, Venecia presenta una de las tasas de mortalidad más elevadas en Occidente.

Por el contrario, una ciudad como Milán pierde «solamente» el 15 % de su población, de un total de 100 000 habitantes. Si bien es cierto que la oligarquía dominante en esta ciudad tiene los medios para imponer medidas excepcionales —las familias contagiadas son encerradas en sus casas y se alimentan a distancia mediante un sistema de cestas deslizantes—, esto no explica la enorme diferencia en la mortalidad con Venecia, ya que esta última ciudad también adopta medidas para contener la propagación de la enfermedad.

En Londres, las cifras están dentro del promedio de la mortalidad europea: en una población de 50 000 personas, se producen entre un 20 y un 50 % de muertes. Pero la magnitud del desastre se mantiene consecuente. En verano de 1348, cada día mueren 290 personas. Los cuerpos deben ser evacuados tan pronto como sea posible para evitar el riesgo de infección. Contando que en esa estación hay 12 horas de luz durante el día, eso implica que se celebra una media de un funeral cada dos minutos y medio.

Solamente un rey sucumbe a la enfermedad: Alfonso XI de Castilla (1311-1350), durante el sitio de Gibraltar. En comparación con los pobres, los poderosos salen relativamente indemnes de la epidemia. Los primeros pagan el precio más alto por la enfermedad, ya que viven hacinados en los barrios insalubres de las ciudades. Aunque la epidemia afecta sobre todo a las zonas urbanas, las zonas rurales tampoco se salvan: no hay que olvidar que en ese momento el 90 % de la población vive en el campo.

Algunos grupos de población resultan más afectados que otros. Es el caso de los médicos, los cirujanos y los enterradores, los primeros en tratar con los enfermos y los cuerpos. También sufren más los efectos de la epidemia los notarios, que redactan los testamentos, o los sacerdotes, llamados continuamente para entregar la extremaunción. El ejemplo de Perpiñán es muy revelador: la ciudad pierde el 50 % de su población y, entre las víctimas, está el 60 % de los abogados y notarios y hasta un 75 % de su clero regular. Solo dos de cada ocho médicos sobreviven a la epidemia.

La escasez de hombres de Dios es particularmente problemática en una sociedad tan creyente. En Inglaterra, más del 40 % del clero desaparece, por lo que el obispo de Bath y de Wells escribe en 1349: «anunciadle a todos que, si están a punto de morir, pueden confesarse los unos a los otros e incluso a una mujer» (Naphy y Spicer 2005, 29). Permitir que las mujeres participen en los sacramentos ya se había producido en casos de emergencia, pero una medida de este tipo sigue siendo particularmente excepcional. Muestra claramente la magnitud del desastre en las filas del clero, y el miedo a morir sin haberse confesado antes.

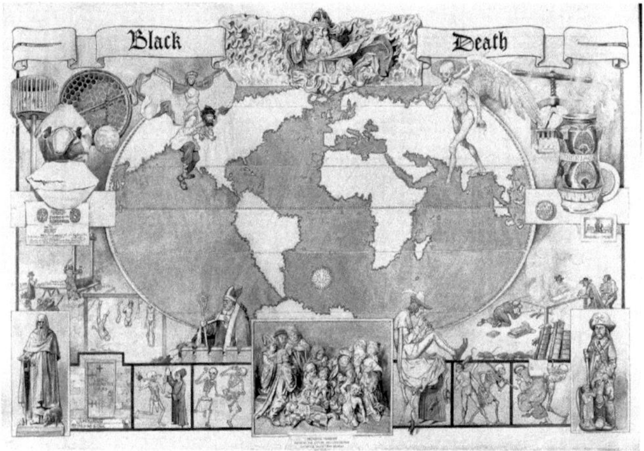

Mapa que representa la historia de la peste negra a través del mundo.

UN MAL TAN ANTIGUO COMO EL MUNDO

Algunos científicos medievales buscan en los archivos del pasado, deseando encontrar respuestas a la muerte negra; y es que la peste no nace en el siglo XIV: habría aparecido en el Asia Central hace más de 20 000 años. Las fuentes antiguas que atestiguan su existencia, sin embargo, son escasas y, a menudo, son muy poco precisas. Así, en el año 430 a. C., Tucídides (historiador griego, c. 460 a. C.-395 a. C.) habla de una «pestilencia» que golpea Atenas, que en un principio se podría asociar con la peste, pero los estudios actuales se inclinan más por una epidemia de fiebre tifoidea. En cualquier caso, las fuentes no son lo suficientemente claras como para atestiguar con certeza que se trata de la peste.

En cambio, excavaciones arqueológicas recientes confirman la presencia del bacilo de la peste durante el mandato del emperador bizantino Justiniano I (482-565). Se trata de la primera pandemia, probablemente iniciada en Egipto, que causa estragos en toda la cuenca mediterránea entre los años 541 y 767. Habría tenido los mismos mecanismos de propagación que la peste negra: el mal se extiende de puerto en puerto y, después, a través de las rutas comerciales. Desde Alejandría, la peste afecta a Constantinopla, se propaga por los puertos del Mediterráneo y remonta por el Ródano y el Rin hasta Trèves. Cuando el obispo Grégoire de Tours (538-594) viaja a Clermont-Ferrand, una ciudad afectada por la epidemia, dice: «Los ataúdes y las tablas escaseaban, se enterraban diez cuerpos e incluso más en la misma fosa... Un domingo, en la basílica de San Pedro, contamos hasta 300 cadáveres» (Barry 2006, 42). El Imperio bizantino pierde probablemente en esa época un cuarto de su población, y su economía queda destruida.

UNA RESPUESTA MODERNA

Hoy en día, sabemos que la peste procede de una bacteria, la *Yersinia pestis*, que no se descubrirá hasta 1894 gracias a Alexandre Yersin (bacteriólogo francés, 1863-1943). Durante la pandemia que afecta a Asia a finales del siglo XIX, este último analiza bubas de cadáveres infectados de peste en Hong Kong para aislar a la bacteria. Cuatro años después, Paul-Louis Simond (1858-1947) descubre en India que las pulgas son el vector de la enfermedad. Finalmente, la explicación de la peste parece comprensible.

En un primer momento, la peste se propaga entre las ratas que, aunque evitan el contacto con el hombre, pululan en los barrios insalubres de la Edad Media, pasando desapercibidas. Cuando los roedores son diezmados por el bacilo de la peste, las pulgas portadoras de la enfermedad se vuelven hacia el primer cuerpo caliente que tienen a su alcance: el ser humano. Cuando la concentración de la *Yersinia pestis* es demasiado fuerte en el tubo digestivo de la pulga, esta escupe sangre en vez de sacársela a su huésped. De esta forma, este queda infectado y, tras un periodo de incubación de unos seis días, sufre fiebres altas. Además, puede tener convulsiones, náuseas y alucinaciones. Se le hinchan los ganglios y forman bubones muy dolorosos que acaban reventando. La mayor parte de las muertes son debidas a hemorragias internas o a ataques cardíacos.

¿SABÍAS QUE...?

Existen tres principales tipos de peste: bubónica, pulmonar y septicémica. La peste bubónica es la más habitual y se transmite directamente a través de la pulga portadora de la bacteria *Yersinia pestis*. En pocos días, uno o varios ganglios crecen hasta alcanzar la talla de una nuez o de un huevo: son los bubones. Uno de cada cuatro enfermos sobrevive a este tipo de peste.

La peste pulmonar o neumónica siempre es mortal. Se desarrolla de dos formas: o bien el bacilo infecta los pulmones detrás de la forma bubónica, o bien un enfermo con este tipo de peste contagia directamente al individuo. Las personas infectadas son muy contagiosas, y pueden transmitir la enfermedad con solo espirar. La propagación extremadamente rápida de la peste negra en el siglo XIV deja pensar que la forma neumónica de la peste era indudablemente habitual.

En cuanto a la peste septicémica, que es una posible evolución de las otras dos formas, se manifiesta por la presencia de bacterias en la sangre. Además de ser mortal, este tipo de peste suele ser fulminante, causando la muerte en el espacio de pocas horas.

Cabe destacar que actualmente todavía hay muchos investigadores que dudan que el bacilo de la peste hubiera causado la epidemia que diezmó Europa entre 1347 y 1352. Sus sospechas se basan en el hecho de que los cronistas medievales no mencionan epidemias entre las ratas. Asimismo, muchos se preguntan todavía cómo la peste negra, incluso en su forma pulmonar, pudo difundirse con tanta rapidez. Todavía quedan muchas preguntas por responder. Quizás el episodio de la peste negra se debe en realidad a una enfermedad infecciosa como la neumoconiosis de los mineros del carbón (antracosis), que hace que la sangre de las víctimas se vuelva completamente negra, o a una fiebre hemorrágica viral de tipo ébola. Sin embargo, la mayor parte de los investigadores considera que las pruebas son suficientes para demostrar que la enfermedad estuvo causada por la bacteria *Yersinia pestis*.

REPERCUSIONES

LUCHAR CONTRA UN MAL INCOMPRENDIDO

Sin la ayuda de la biología y de la medicina moderna, el hombre medieval tiene que encontrar sus propias soluciones. La mayor parte, más que luchar, decide huir de este mal incomprendido, lo que desafortunadamente acelera la propagación de la enfermedad. Boccaccio (escritor italiano, 1313-1475) narra en su *Decamerón* la historia de un grupo de florentinos que se exilian para escapar de la peste. A través de una serie de relatos, el autor cuenta la importancia de una filosofía epicúrea frente a la peste negra: puesto que la muerte puede llegar en cualquier momento, muchos sucumben a la lujuria y al placer inmediato.

La respuesta de la Iglesia es radicalmente distinta. Una enfermedad tan terrible solamente puede ser un castigo divino. Así pues, hay que calmar la cólera del Todopoderoso a través de plegarias, penitencias y muestras de humildad. En Ruan, por ejemplo, se prohíben los juegos y las injurias para facilitar el perdón. Sin embargo, es difícil encontrar santos a los que dirigirse, ya que la anterior pandemia se produjo durante la Antigüedad. Entonces, muchos cristianos dirigen sus plegarias a la Virgen, refiriéndose al hecho de que, en algunas representaciones, esta detiene lluvias de flechas gracias a su capa, como para vencer una plaga caída del cielo. Más adelante, los pueblos recurrirán a san Roque, que se dice que curó a apestados. Por desgracia, algunas manifestaciones de piedad aceleran todavía más la propagación de la enfermedad: por ejemplo, en el caso de las procesiones o de los peregrinajes.

Algunos extremistas defienden la purificación a través del dolor. Para calmar la cólera de Dios, martirizan su propio cuerpo, como los flagelantes, una secta que se encontraba principalmente en Alemania. Los cortejos de estos martirizados se presentan en algunas ciudades, forman un círculo alrededor de una iglesia y empiezan su ritual cantando. El *Chronicon Henrici* de Hervordia (historiador dominicano, *c.* 1300-1370) describe la operación: «Cada látigo estaba formado por un bastón con las extremidades coronadas por tres correas con nudos por cuyo centro pasaban dos puntas metálicas, afiladas como navajas, que sobresalían por cada lado formando una cruz [...]. Utilizaban estos látigos para azotar su cuerpo desnudo hasta que ya no eran más que una masa de carnes [...] con sangre chorreando y salpicando los muros» (Naphy y Spicer 2005, 39). La Iglesia y las autoridades públicas condenan con firmeza estos movimientos. En efecto, en esa época todas las concentraciones de gente se ven con muy malos ojos. Y los flagelantes acaban desapareciendo de repente, igual que la peste.

Algunos grandes expertos adoptan un enfoque más médico de la enfermedad. Desde 1348, se escriben muchos tratados sobre el tema. Sin embargo, a menudo los remedios son bastante ineficaces, muy caros e incluso peligrosos —por ejemplo, la incisión de los bubones es extremadamente dolorosa y suele provocar la muerte del paciente—. No obstante, aunque la transmisión de la enfermedad sigue sin entenderse del todo, la gente comprende rápidamente su mecanismo y, por consiguiente, evita cualquier contacto con los infectados y sus posesiones.

En las ciudades, los responsables políticos sienten de manera confusa que los problemas de higiene promueven las enfermedades. Inicialmente prohíben la inmundicia en las calles y ordenan llevar los residuos fuera de las murallas. Después, legislan sobre los oficios considerados «sucios» y «malolientes» como el de carnicero, pescadero y curtidor. Además, todas las posesiones de los apestados se «desinfectan» rápidamente con fuego.

En la mentalidad de la época, el hecho de que estas medidas no basten significa que el contagio es de orden espiritual. Entonces, la gente busca chivos expiatorios, a los que consideran responsables de un contagio moral: judíos, musulmanes, prostitutas, mendigos, leprosos, vagabundos, extranjeros o incluso gente pobre. Los judíos, que todavía suelen ser considerados responsables de la muerte de Cristo, son los primeros que están bajo el punto de mira. El papa Clemente VI (1291-1352) trata de apoyarlos con una bula en julio de 1348, pero sus efectos son limitados: unos meses después, en Estrasburgo, 900 judíos son quemados, incluso antes de que la peste llegue a la ciudad.

LA PESTE, UNA «BANALIDAD»

En 1352, la peste se marcha tan rápido como había llegado, dejando tras de sí millones de muertos. El papa Clemente VI estima que entre 1347 y 1352 perecen 24 millones de personas —lo que significa un tercio de la población de Occidente, que en esa época contaba con 75 millones de habitantes—. A escala actual, para la Unión Europea esto representaría 160 millones de víctimas en el espacio de cinco años. Algunas estimaciones actuales sugieren que pereció hasta un 50 % de la población. Inglaterra incluso habría pasado de tener 7 millones de habitantes a 2 millones en 1400, un descenso demográfico próximo al 70 %. Sin embargo, es imposible contar con exactitud el número de víctimas, ya que no se dispone de fuentes precisas. Aun así, las consecuencias materiales y psicológicas de una catástrofe de tal magnitud son terribles.

La economía medieval sufre una transformación radical. Los precios de los productos agrícolas se disparan. Algunos oficios desaparecen por completo en varias ciudades. Los intercambios comerciales decaen e incluso se detienen en algunas regiones. Las ciudades reciben menos impuestos porque sus contribuyentes mueren por centenas, mientras que el gasto para hacer frente a la peste aumenta. El desorden reinante favorece los robos y el crimen. Las guerras continúan, por lo que los impuestos aumentan y esto, a su vez, provoca disturbios. Puesto que solo la mitad de la población sobrevive a la epidemia, las tierras y las riquezas se redistribuyen y se concentran. Y esto es solo un breve resumen de algunas de las consecuencias económicas de la peste.

La enfermedad no desaparece definitivamente, sino que vuelve regularmente entre cada ocho y diez años, provocando su cuota de víctimas antes de desaparecer de nuevo. La muerte negra se convierte en algo tan natural e inevitable como las guerras o el ritmo de las estaciones. El entorno urbano, mucho más afectado que el campo, tiene que adaptarse a esta nueva amenaza. A diferencia de Oriente, que es reaccionario y contempla la epidemia como un castigo individual de Dios, Occidente intenta reaccionar. La mejora de la higiene, la persecución de los marginados o la práctica de la cuarentena se aplican con mayor o menor éxito en toda Europa. Sin embargo, en general la cuestión no está en encontrar una cura para el mal, sino más bien en contenerlo tanto como se pueda, para que las sociedades no caigan en la anarquía.

LA MUERTE, VIOLENTA E IMPERSONAL

Al principio de la Edad Media, la muerte se percibe como un proceso natural, apacible, que está dentro del orden de las cosas. Las familias al completo acompañan a los moribundos, apoyándolos en esta prueba, y los curas de las parroquias les practican los últimos sacramentos para que tengan una vida mejor en el más allá. Sin embargo, la peste negra cambia por completo toda esta concepción. La enfermedad causa estragos al azar, aniquilando por completo algunas familias e, incluso, algunos pueblos. El paso al otro mundo ya no se hace con calma y serenidad cuando los cuerpos de los apestados se retuercen de dolor ante todos. Las familias ya no se apoyan puesto que, si uno de los suyos resulta infectado, los demás huyen para evitar el contagio. Cada día se producen cientos de muertes, las fosas públicas están repletas de cadáveres y es difícil practicar los últimos sacramentos.

El arte del siglo XIV, en el que aparece el tema de la danza macabra en Europa, ilustra bien esta muerte omnipresente.

Muchos de los cuadros de esta época muestran esqueletos y momias que conducen a los vivos hacia un baile infernal. En esta época también aparece la figura de la parca: la muerte que se lleva a los vivos por centenares, segando las vidas de las personas como si no fueran más que briznas de paja.

REPERCUSIONES QUE TODAVÍA HOY SON PERCEPTIBLES

Un trauma de esta magnitud deja una huella que todavía hoy es visible. En el lenguaje común, por ejemplo, esto se observa en algunas expresiones como «huir como de la peste», «elegir entre la peste y el cólera», «hablar pestes» o «tratar como un apestado».

El miedo de una nueva pandemia permanece en el imaginario colectivo. En la cultura popular, las películas de zombis son un ejemplo perfecto de ello. Sin embargo, existen también amenazas más concretas, como las constantes alertas por antracosis o por ébola que se producen hoy en día. Estas epidemias recuerdan que una nueva «muerte negra» podría destruir un continente.

Sin embargo, la invención de los antibióticos hoy en día permite luchar de forma eficaz contra la peste. En 1930 aparecen las sulfamidas y en 1944 la estreptomicina, que actualmente es el mejor remedio del que se dispone. Sin embargo, el bacilo de la peste puede ser resistente y el remedio tiene que suministrarse muy rápidamente tras la infección del paciente para poder curarlo con éxito. Por otra parte, a pesar de estos avances científicos, hoy en día no existe ninguna vacuna que permita prevenir esta plaga; sin embargo, esto tiene por lo menos una consecuencia positiva: sería difícil utilizar la peste como arma biológica, porque resulta igual de peligrosa tanto para los agresores como para sus víctimas.

Hoy en día, la enfermedad persiste en algunas regiones del mundo, sobre todo en los países poco salubres y pobres en los que sigue habiendo roedores infectados. Un clásico ejemplo sería el caso del Kurdistán, aunque también se producen casos periódicamente en el centro y el este de África, en Vietnam, en India, en China, en Brasil e incluso en los Estados Unidos. Actualmente, sigue habiendo la posibilidad de que se produzca una pandemia de peste. En 1994, en India se produce una epidemia procedente de Surat —al oeste del país—. Aunque la enfermedad solamente causa un centenar de víctimas, se observan ciertos errores: la lenta acción del Gobierno, algunas organizaciones humanitarias que no reaccionan, una opinión internacional que se contenta con decretar el bloqueo de las mercancías, y movimientos de pánico que facilitan la propagación del bacilo. Así pues, la peste sigue siendo una amenaza que no hay que tomarse a la ligera.

EN RESUMEN

541-767
Primera pandemia de peste

1331
Aparición de la peste en China

1338
La peste alcanza el Asia Central

1346
La peste llega a las puertas de Europa

1348
La peste afecta al conjunto de Francia

1352
Desaparición temporal de la peste

1894
Descubrimiento de la bacteria *Yersinia pestis* de la mano de Alexandre Yersin

1898
Paul-Louis Simond descubre que
las pulgass on el vector de transmisión
de la enfermedad

1944
**Elaboración de un remedio
contra la peste, la estreptomicina**

- La peste es una plaga que afecta a la humanidad desde hace 20 000 años. La primera pandemia afecta la cuenca mediterránea en la época de Justiniano, en el año 541, y dura hasta el año 767. El Imperio bizantino pierde un cuarto de su población y su economía queda destruida. Después, la peste se extingue de forma natural, sin razón aparente.

- En el siglo XIV, la muerte negra resurge en India o en China y se expande rápidamente por toda Asia. Los mongoles probablemente la utilizan como arma de guerra en Kaffa, catapultando cadáveres apestados hacia la factoría genovesa. La ciudad, infectada, propagará la enfermedad por Occidente a través de sus barcos mercantes.

- De 1347 a 1352, la peste se extiende por toda Europa. Desde el Mediterráneo (Grecia, Italia, España, el sur de Francia), la enfermedad se propaga siguiendo los puertos y los ejes de comunicación. Causa estragos en toda Francia, los Países Bajos, Inglaterra y Alemania, y llega incluso a alcanzar Groenlandia y Rusia. Aunque en 1352 la enfermedad se extingue de forma natural, reaparecerá entre cada ocho y diez años hasta el siglo XVIII.

- La epidemia se produce en un contexto que ya de por sí es difícil, repleto de problemas políticos, económicos y sociales. Francia e Inglaterra tienen disputas territoriales y se enfrentan en la conocida como guerra de los Cien Años. Asimismo, el enfriamiento del clima que se produce al inicio del siglo causa muchas hambrunas.

- Los habitantes de la época creen que la peste es un castigo enviado por Dios pero, en realidad, está causada por una bacteria —la *Yersinia pestis*— que se propaga a través de las pulgas. Estas últimas se refugian primero en las ratas, que infestan los barrios insalubres de las ciudades medievales. Cuando las poblaciones de roedores son diezmadas, las pulgas infectan a los seres humanos. Sin embargo, esta explicación no se produce hasta finales del siglo XIX.

- Frente a un mal que no entiende, el hombre medieval reacciona de formas distintas. Algunos se dedican a cometer excesos, otros huyen y a menudo muchos se vuelcan hacia la religión, esperando que su piedad calme la cólera divina. En algunos casos extremos, algunos se convierten en flagelantes y martirizan su cuerpo para lograr el perdón. Y, si esto no basta, buscan chivos expiatorios a los que consideran responsables del contagio: los judíos, las prostitutas, los extranjeros o incluso los pobres son los primeros en ser acusados.

- Las consecuencias de todo esto son muchas. Con la pérdida de población, la economía se reforma: se concentran las tierras y las riquezas, desaparecen algunos oficios, se interrumpen los intercambios comerciales, etc. La relación con la muerte también se modifica: ya no se percibe como algo apacible y natural, sino como algo violento e impersonal. El trauma psicológico es tan importante que deja huella hasta nuestros días. El miedo de una nueva pandemia subsiste, y la peste sigue siendo una amenaza verosímil.

PARA IR MÁS ALLÁ

FUENTES BIBLIOGRÁFICAS

- Balard, Michel. 2002. "Les semeurs de peste". *L'Histoire*, n.º 262, 18.
- Barry, Stéphane y Norbert Gualde. 2006. "La Peste noire". *L'Histoire*, n.º 310, 38-49.
- Barthélemy, Dominique. 2013. *La féodalité. De Charlemagne à la guerre de Cent Ans*. París: La documentation française.
- Bercé, Yves-Marie. 1998. "Rumeurs et épidémies: les semeurs de peste". *L'Histoire*, n.º 218, 78-83.
- Boccaccio. 1974. *Le Décaméron*. París: Livre de Poche.
- Contamine, Philippe, Marc Bompaire, Stéphane Lebecq y Jean-Luc Sarrazin. 2003. *L'économie médiévale*. París: Armand Colin.
- Gauvard, Claude, Alain de Libera y Michel Zink. 2002. *Dictionnaire du Moyen Âge*. París: PUF.
- Le Roy Ladurie, Emmanuel. 2002. *Histoire des paysans français de la Peste noire à la Révolution*. París: Seuil.
- Naphy, William y Andrew Spicer. 2005. *La Peste noire. 1345-1730*. París: Autrement.
- Verdon, Jean. 2005. *Le Moyen Âge. Ombres et lumières*. París: Perrin.

FUENTES COMPLEMENTARIAS

- Biraben, Jean-Noël. 1975-1976. *Les hommes et la peste en France et dans les pays méditerranéens*. París: Mouton.
- Biraben, Jean-Noël y Jacques Le Goff. 1969. "La Peste

dans le Haut Moyen Âge". *Annales. Économies, Sociétés, Civilisations*, vol. 24, n.° 6, 1484-1510. Consultado el 4 de abril de 2017. http://www.persee.fr/web/revues/home/prescript/article/ahess_0395-2649_1969_num_24_6_422183
* Bove, Boris. 2009. *Le temps de la guerre de Cent Ans. 1328-1453*. París: Belin.
* Cohn, Samuel. 1996. "Piété et commande d'œuvres d'art après la Peste noire". *Annales. Histoire, Sciences Sociales*, vol. 51, n.° 3, 551-573. Consultado el 4 de abril de 2017. http://www.persee.fr/web/revues/home/prescript/article/ahess_0395-2649_1996_num_51_3_410868
* Sabot, Thierry. 2013. *Nos ancêtres au temps de la peste.* París: Thisa.

FUENTES ICONOGRÁFICAS

* Fotografía de un timón de codaste. La imagen reproducida está libre de derechos.
* Imagen que representa una de las batallas de la guerra de los Cien Años, procedente de las *Crónicas* de Jean Froissart. La imagen reproducida está libre de derechos.
* Ilustración de la peste negra, procedente de las crónicas de Gilles Li Muisis (1272-1352), abad de Saint-Martin de Tournai (Bélgica). La imagen reproducida está libre de derechos.
* Mapa que representa la historia de la peste negra a través del mundo. La imagen reproducida está libre de derechos.

DOCUMENTAL

- *La muerte negra*. Dirigido por Peter Nicholson. Gran
  Bretaña: Channel 4, 2004.

en50MINUTOS.es
Historia
Economía y empresa
Coaching
Book Review
Salud y bienestar
EL DIAGRAMA DE ISHIKAWA
LA GUERRA DE PALESTINA DE 1948
DOMINA EL ARTE DEL NETWORKING